*Juliana Andrade*

# Palavras que acolhem

Eu nasci em uma família com muitos músicos e vivo transitando no mundo da música gospel. Sempre gostei de associar as minhas fotos a frases bonitas que eu ouço. Tenho sempre um bloquinho por perto para anotar tudo que me chama a atenção. Nenhuma mensagem me passa despercebida.

Sempre imaginei que, um dia, estas anotações virariam um livro.

E foi exatamente assim que tudo começou...

$\mathcal{D}$edico este livro com especial carinho a três mães:

A tia Chiquita, mãe que hoje sabe que só a presença de Deus pode suprir uma ausência.

A Simone, mãe que aprendeu cedo a entregar a sua dor para Ele.

E a minha mãe, que soube viver as demoras do Deus misericordioso.

O meu abraço carinhoso a cada uma das crianças que sorriram, ou choraram, para minhas lentes...

Texto de Adriana Arydes, da música *Só a tua graça*.
CD: Jardim Secreto. Adriana. Paulinas-Comep.
Foto: Juliana Andrade.

𝒜 cada passo
na estrada
posso ver Seu plano
a se cumprir...

Texto de Adelso Freire e Aretusa, da música *Voar em tuas asas*.
CD: Jardim Secreto. Adriana. Paulinas-Comep.
Foto: Juliana Andrade.

Texto de Adelso Freire e Aretusa, da música *O segredo*.
CD: Coisas que vivi. Adriana. Paulinas-Comep.
Foto: Juliana Andrade.

𝓔u não quero mais
me esconder de mim mesma
e nem de você.

𝓗á tanta vida por viver...

Texto de Ziza Fernandes, da música *Me faz capaz*.
CD: Um pouco mais de mim. Paulinas-Comep.
Foto: Juliana Andrade.

Te escuto cada vez que me procuras

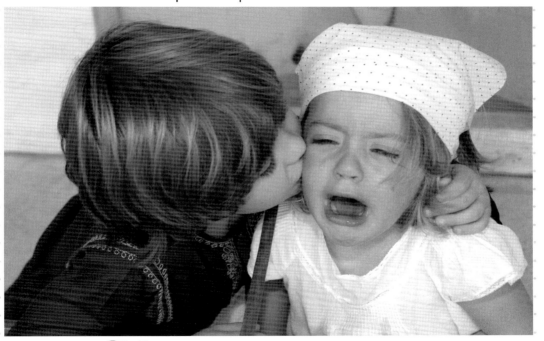

Talvez não vejas, mas Eu colho as suas lágrimas.

Texto de Adelso Freire, da música *Minha graça te basta*.
CD: Coisas que vivi. Adriana. Paulinas-Comep.
Foto: Juliana Andrade.

Texto de Adelso Freire e Aretusa, da música *Coisas que vivi*.
CD: Coisas que vivi. Adriana. Paulinas-Comep.
Foto: Juliana Andrade.

É preciso crer e se entregar sem medo.

Texto de Ministério Adoração e Vida, da música *Deus é capaz*.
CD: O céu se abre. Paulinas-Comep.
Foto: Juliana Andrade.

Texto de Ziza Fernandes, da música *Silêncio e espera*.
CD: Volta pra casa. Paulinas-Comep.
Foto: Juliana Andrade.

E tudo que eu perdi,
vi o Teu amor restituir.

Texto de Adelso Freire e Aretusa, da música *Coisas que vivi*.
CD: Coisas que vivi. Adriana. Paulinas-Comep.
Foto: Juliana Andrade.

Eu vou assumir minha missão.

Acreditar que Tua mão me guiará.

Texto de Mariani e Adelso Freire, da música *Vou assumir minha missão*.
CD: A vitória alcançarás. Mariani. Paulinas-Comep.
Foto: Juliana Andrade.

Texto de Adelso Freire, da música *Além das nuvens*.
CD: A vitória alcançarás. Mariani. Paulinas-Comep.
Foto: Juliana Andrade.

𝒟eus só não é capaz de deixar de te amar.

Texto de Ministério Adoração e Vida, da música *Deus é capaz*.
CD: O céu se abre. Paulinas-Comep.
Foto: Juliana Andrade.

Contigo eu vou até o fim,
me abandonarei em Ti...

De todas as escolhas, eu escolho a Ti.

Texto de Mariani Carrili, da música *Asas da coragem*.
CD: A vitória alcançarás. Paulinas-Comep.
Foto: Juliana Andrade

Quero lhe contar
por onde andei
e o que sobrou de mim...

Texto de Ziza Fernandes, da música *Me faz capaz*.
CD: Um pouco mais de mim. Paulinas-Comep.
Foto: Juliana Andrade.

𝓔 por mais que me falem não vou desistir...

𝓔u sei que nada sou, por isso estou aqui.

Texto de Walmir Alencar, da música *Abraço de pai*.
CD: Imagem e semelhança. Paulinas-Comep.
Foto: Juliana Andrade.

Texto de Mariani Carrili, da música *Escolhas*.
CD: Saudades do amanhã. Paulinas-Comep.
Foto: Juliana Andrade.

*Só* Deus
mensura sua dor
e multiplica em amor...

Texto de Ziza Fernandes, da música *Ponto de partida*.
CD: Bem simples. Paulinas-Comep.
Foto: Juliana Andrade.

Texto de Mariani Carrili, da música *Asas da coragem*.
CD: A vitória alcançarás. Paulinas-Comep.
Foto: Juliana Andrade.

𝒟eus é capaz de trocar reinos por ti...

𝒜bre mares pra que possas atravessar.

Texto de Ministério Adoração e Vida, da música *Deus é capaz*.
CD: O céu se abre. Paulinas-Comep.
Foto: Juliana Andrade.

Vou voar com as asas da coragem...

Eu vou além do que meus olhos podem ver.

Texto de Mariani Carrili, da música *Asas da coragem*.
CD: A vitória alcançarás. Paulinas-Comep.
Foto: Juliana Andrade.

Texto de Ziza Fernandes, da música *Ponto de partida*.
CD: Bem simples. Paulinas-Comep.
Foto: Juliana Andrade.

Seu amor me faz seguir
quando nem sei por onde ir.

Quando penso que estou só,
ouço Seus passos por aqui...

Texto de Ziza Fernandes, da música *Me faz capaz*.
CD: Um pouco mais de mim. Paulinas-Comep.
Foto: Juliana Andrade.

Texto de Mariani Carrili, da música *Asas da coragem*.
CD: A vitória alcançarás. Paulinas-Comep.
Foto: Juliana Andrade.

Texto de Mariani Carrili, da música *Vou vencendo assim*.
CD: Saudades do amanhã. Paulinas-Comep.
Foto: Juliana Andrade.

Descansa meu cansaço, me acolhe em Seu abraço.

Cuida de mim...

Texto de Mariani Carrili, da música *Até o amanhecer*.
CD: Saudades do amanhã. Paulinas-Comep.
Foto: Juliana Andrade.

Eu sei que o amor
que o Senhor tem por mim,
é muito mais que o meu.

Sou gota
derramada no mar...

Texto de Walmir Alencar, da música *Abraço de Pai*.
CD: Imagem e semelhança. Paulinas-Comep.
Foto: Juliana Andrade.

Se o tempo vier, cruel a me castigar...

Meu lugar eu sei,
é dentro do Teu olhar.

Texto de Ziza Fernandes, da música *Dentro do teu olhar*.
CD: Bem simples. Paulinas-Comep.
Foto: Juliana Andrade.

# Juliana Andrade

Juliana com sua filha Lavínia.

Nasceu em Bambuí (MG), mas seu coração é Luzense. Formou-se em Comunicação Visual, em Belo Horizonte, e especializou-se em Fotografia, em Seattle/WA (EUA).

Ela é uma pessoa simples, feliz e abençoada pelo dom de ser uma fotógrafa infantil.

Dados Internacionais de Catalogação na Publicação (CIP)
(Câmara Brasileira do Livro, SP, Brasil)

Andrade, Juliana
  Palavras que acolhem / Juliana Andrade. – São Paulo : Paulinas, 2012.

  ISBN 978-85-356-3383-2

  1. Citações 2. Fotografias 3. Mensagens 4. Vida cristã I. Título.

12-13903                                                                CDD-248.4

Índice para catálogo sistemático:
1. Mensagens : Vida cristã : Cristianismo  248.4

1ª edição – 2012

Direção-geral: Bernadete Boff
Editora responsável: Luzia M. de Oliveira Sena
Copidesque: Ana Cecilia Mari
Coordenação de revisão: Marina Mendonça
Revisão: Sandra Sinzato
Gerente de produção: Felício Calegaro Neto
Fotos e projeto gráfico: Juliana Andrade
Assistente de arte: Ana Karina Rodrigues Caetano
Produção de arte: Telma Custódio

*Nenhuma parte desta obra pode ser reproduzida ou transmitida por qualquer forma e/ou quaisquer meios (eletrônico ou mecânico, incluindo fotocópia e gravação) ou arquivada em qualquer sistema ou banco de dados sem permissão escrita da Editora. Direitos reservados.*

**Paulinas**
Rua Dona Inácia Uchoa, 62
04110-020 – São Paulo – SP (Brasil)
Tel.: (11) 2125-3500
http://www.paulinas.org.br – editora@paulinas.com.br
Telemarketing e SAC: 0800-7010081

© Pia Sociedade Filhas de São Paulo – São Paulo, 2012